藏在博物馆里的
中国历史

夏商周
那些事儿

有识文化 编著

成都地图出版社

成都地图出版社

目录

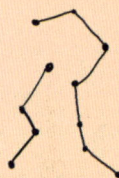

考古发现

地球上生存着庞大的恐龙家族，它们统治着海洋和陆地。

出现了直立人，他们懂得打制石器，会使用和管理火种。

人类打制石器的技术提高，石器种类丰富，形状规整。

那时的历史我们无法探知，只能从考古发掘中发现一些隐藏的线索。

距今约10万~8万年

石器打磨得更加细致，骨角器得以发展，已有装饰品。

距今约1.8万年

发明了弓箭，会制作陶器、种植和饲养家畜。

距今约7000~5200年

陶器以红色、褐色陶为主，黄河流域的彩陶开始萌芽。

距今约5300~4000年

人口急剧增加，范模制陶工艺快速发展，已出现精美玉器。

约公元前2070年

中国历史上的第一个王朝，进入青铜时代。

 # 龙的传人

——红山玉龙

"龙被描述为多种动物的复合体，宇宙洪荒中万物同源。"

　　红山玉龙来自遥远的新石器时代，属于岫岩玉，躯体卷曲若钩，鼻端向前突出而尾部则向上卷曲，形体与甲骨文中的"龙"字相似，故名"玉龙"。玉龙为墨绿色，龙体横截面是椭圆形，直径2.3～2.9厘米。

龙头比较短，龙嘴紧闭并前伸上噘，鼻孔是两个对称的圆洞。眼睛为棱状突起，眼角尾部细长并上翘。龙颈背上有鬣毛，以向上的姿态弯曲，长约21厘米。鬣毛相比龙身较扁薄，上磨有不明显的浅凹槽，边缘则较

锋利。龙身大部分无花纹，只在头顶及下颚有网状方格花纹，网格凸起，呈小菱形。玉龙形象带有浓厚的浪漫想象气息，后世龙形的诸多元素已经在其中呈现。红山玉龙的具体用途还有待进一步的科学探索，部分

石器时代玉龙 ▶ 商代玉龙 ▶ 西周玉龙 ▶ 战国玉龙 ▶

观点认为是祭祀用的礼器。红山玉龙的出土，让中国人寻找到了龙的源头形态，更强有力地说明了中国龙文化的绵延不绝。长久以来，中华民族都以"龙的传人"自称，龙的起源同中华民族历史文化的形成紧密相关。

红山玉龙的发现，对于研究中国古代的原始宗教，总结龙文化发展的阶段、龙形的变化序列，有着非同一般的意义。

文物档案

名称：红山玉龙
年代：新石器时代
材质：岫岩玉
规格：高 26 厘米
出土地：内蒙古翁牛特旗
收藏地：中国国家博物馆

 宋代玉龙  元代玉龙  明代玉龙

谁能读懂这只眼睛
——良渚玉琮王

"'琮'为我国古代礼器，是5000多年前的良渚文化先民创造的一种沟通神灵天地的法器。"

　　良渚玉琮王是良渚遗址中发现的最大的玉琮，所以被考古学家称为玉琮王。玉琮王内圆外方，中有圆孔的形制，可能是先民"天圆地方"宇宙观的体现。它的具体功能到底是什么，今天仍然没有准确的答案。但是从同时代考古遗址的发现来看，古代先民通过玉器与上天进行沟通是普遍存在的。只不过先民们如何与天神说话，说了什么我们都不得而知。

　　玉琮王除了体形巨大之外，最引人注目的就是其表面的纹饰。在发现这个玉琮的时候，考古学家们起初以为玉琮上的纹饰就是同时代常见的饕餮纹，而清洗过后才发现，玉琮表面居然是一个人形图案。在其眼睑、嘴、鼻的四周刻有细密的云纹，造型十分精美。这个神秘小人手中捧着两个圆盘，远看

玉璧

玉柱形器

玉簪

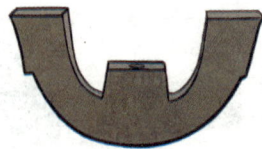
三叉形玉器

整个小人又像一张人脸，透露出神秘而悠远的气息。这个人形图案到底是巫师，还是伟大的国王，抑或是祈福的神兽。我们依旧不得而知。

良渚文化末期与夏文化刚好重合，很有可能良渚文化最终被中原文明征服或者同化。良渚文明是一个农业和手工业都相当发达的文明，在良渚文化遗址中出土的大量珍贵文物表明，良渚先民不仅善于制作精美的玉器，还建造了工程浩大的水利工程用于农业灌溉。

文物档案

名称：良渚玉琮王
年代：新石器时代
材质：玉
规格：重约 6500 克
高 8.9 厘米
射口直径 16.5~17.6 厘米
出土地：浙江余杭
收藏地：浙江省博物馆

鸟形玉饰

玉钺

玉管串饰

玉锥形器

夏朝时期地图

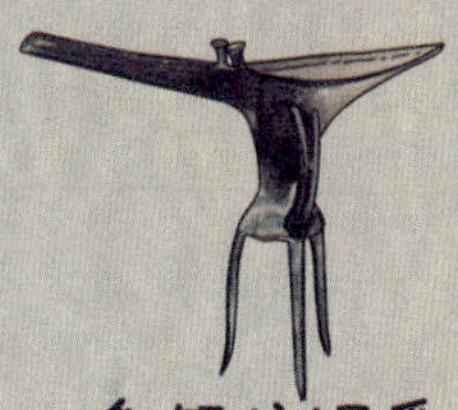

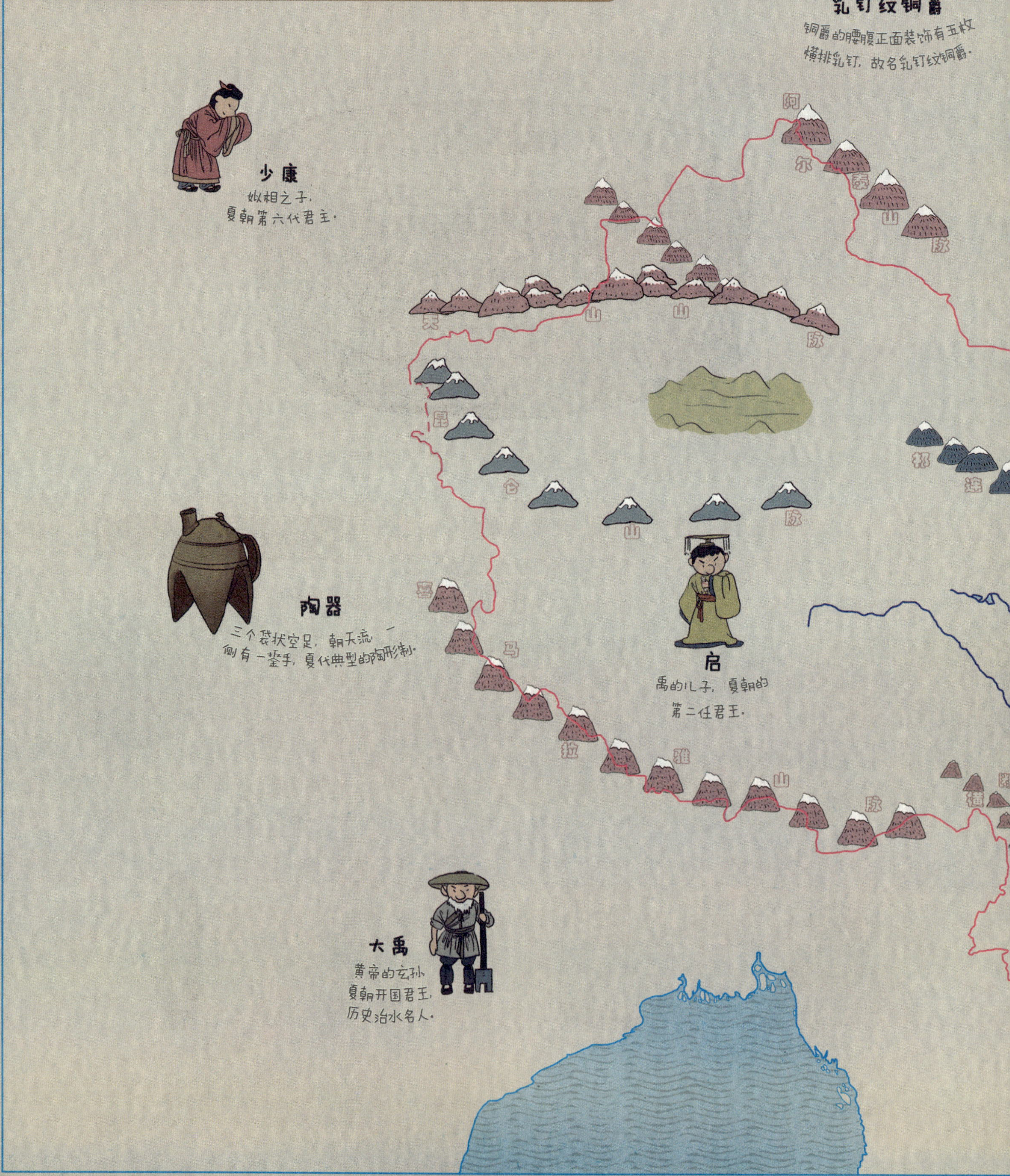

乳钉纹铜爵
铜爵的腰腹正面装饰有五枚横排乳钉，故名乳钉纹铜爵。
少康
姒相之子，夏朝第六代君主。
阿尔泰山脉
天山山脉
昆仑山脉
祁连
陶器
三个袋状空足，朝天流，一侧有一鋬手，夏代典型的陶形制。
启
禹的儿子，夏朝的第二任君王。
喜马拉雅山脉
横
大禹
黄帝的玄孙
夏朝开国君王，
历史治水名人。

钺

钺由大型石斧演变而来.
玉钺发展成为象征军事
统帅权的礼器.

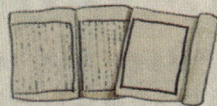

《夏小正》

中国现存最早的一部
农事历书.

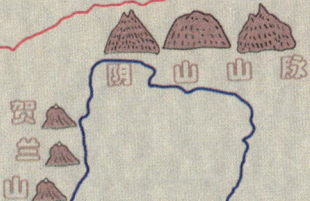

嵌绿松石饕餮纹铜牌饰

流行于夏代. 正面由数百绿
松石小片铺嵌成饕餮
纹图案, 千年不脱.

大兴安岭

长白山脉

星象师

夏代专门观测和记录
星象的历法官.

阴山山脉

贺兰山

有易氏

有鬲氏

渤海

有穷氏

黄河

有仍氏

黄海

有扈氏

有莘氏
有缗氏
有虞氏

涂山氏

防风氏

长江

东海

钓鱼岛 赤尾屿

南海

石犁

犁是一种耕地的农具.

南海

生活需要仪式感
——乳钉纹铜爵

"礼是古代中国人生活中不可僭越的仪式感。"

乳钉纹铜爵是迄今为止我国发现最早的青铜爵，被称为"华夏第一爵"。该爵高22.5厘米，壁厚0.1厘米，拥有迷人的小细腰，三棱锥状足。腰腹正面装饰一排乳钉，共5颗。乳钉纹铜爵虽然外表看起来很笨拙，但却是夏代铜爵中的出类拔萃者，堪称国之瑰宝。爵作为中国古代最典型、最常见的酒器，具有"明贵贱，别尊卑"的作用。

在夏代，饮酒是王室贵胄的特权，属于奢侈性消费，谁家有爵有酒，那一定是大户人家，所以爵自然也成了身份和地位的象征。古代有一种制度，叫作爵禄制，它是根据贵族身份的高低，规定其对应的爵，而我们现代汉语中的"爵位"一词，也是从用爵制度中衍化而来。

说到青铜爵上刻画的乳钉纹，它是几何纹饰的一种。几何纹饰是由几何图案组成的有规律的纹饰，纯属形式上的变化和结构上的美感。乳钉纹则是由一系列突起的乳突有规律地组成排，并构成一定阵式的纹饰。乳钉纹早在夏代青铜器出现之始就出现了，甚至到了西汉，在青铜器上还可看见乳钉纹的身影。

文物档案

名称：乳钉纹铜爵
年代：夏代
材质：青铜
规格：高 22.5 厘米
　　　　壁厚 0.1 厘米
出土地：河南偃师
收藏地：洛阳博物馆

文明时代

夏朝是一个神秘而传奇的时代。

十二部落

一般认为，夏朝最初是由十二个兄弟部落组成的，其中最厉害的部落名叫夏后氏，所以建立王朝后就以夏为名。

树立权威

会稽会盟时，防风氏首领因迟到而被禹处死，夏后氏从此在中原地区建立了强大的名声。

大禹治水

舜帝时期黄河发大水，舜命大禹治理洪水。大禹不仅把洪水治理好了，还打败了在中原作乱的三苗部落，因此获得了各个部落首领的支持。

九州

大禹将天下分为九州，又吩咐手下铸造九个大铜鼎作为国家权力的象征。后来的成语"一言九鼎"就是从这里来的。

夏王朝的中心在河南中部
势力范围延伸到黄河南北
甚至长江流域

《禹刑》

因调整社会关系的需要，夏王朝制定了《禹刑》。其内容以制裁违法犯罪行为的刑事法律性质的习惯法为主，这是中国历史上的第一部成文法典。

方国

夏朝直接管辖领土之外，还有一些大大小小的部族和势力，这些部族和势力被称为方国，方国与王室之间的斗争是夏代历史的主旋律。

马车的发明

东夷族工匠奚仲因为发明了马车，被大禹任命为"车正"，并封为"薛侯"。

五服

夏朝时，各方国与部落按照与王畿的距离和亲疏被划分为五个等级，并按照等级进行朝贡和纳税，与王室越亲近的纳贡越多。

大禹动员各族展开的治水工作
极大提升了自己的声望
王权的产生也就得以奠定

大禹治水

相传大禹治水，日夜操劳，三过家门而不入，经过十多年的努力，终于消除了水患。

战争加速了部间的融合，并且传了先进的部落文明。

经过治理，原来的高地居民逐渐迁移到河谷地区。

大禹治水有功，舜又派大禹去讨伐三苗，大禹屡战屡胜，消灭了盘踞在南方的三苗部落。

夏代初期，部落首领不再兼管宗教事务，而出现了专门的祭司掌管祭祀活动。

大禹改变了前人只堵不疏的治水方法，依据地势将洪水疏导出去。

发达的部落已经能够熟练地建造房屋，并且开始形成一些比较集中的城邑。

大禹成功消除水患和征服三苗部落，赢得了众多部落的拥护。

后羿代夏

夏朝的统治相对于后世的朝代来说比较松散。

第一个"王二代"

部落联盟首领去世后一般会由部落联盟推选有能力的人来继承，而从夏启开始，继承人变成了王的儿子，启正式成为中国历史上第一个"王二代"。

第一部军法

启讨伐有扈氏时，作了一篇告诫六军将士的誓词《甘誓》。它记载了夏代的军法，是中国最早的军法。

夏代舞王

夏启晚年生活奢侈，终日沉迷于歌舞声色之中，荒于政事。据《山海经·海外西经》中记载，启在舞蹈时"左手操翳，右手操环，佩玉璜"。

后羿代夏

启死后，他的儿子太康即位。太康不问政事，沉湎于酒色和打猎，失去了民心。有穷氏部落首领后羿趁太康出去打猎之时，射杀了太康，夺取了王位。

夏部取得统治权之后
联盟内部的一些部族并不服气
但支持夏族的部落也不少

寒浞夺权

后羿代夏后却无心治国，整天喝酒打猎，几年后被自己的手下寒浞杀死。寒浞开始了对中原地区长达数十年的统治。

第一位女间谍

女将军女艾是中国历史上第一位女间谍，她被少康派去侦察敌人浇的虚实，并帮助少康复国。在夏商时期女性是可以领兵作战成为将领的。

少康复国

流落异乡的王子少康收回了父辈丢失的王位，重新振兴了王朝的威望，少康从政后，采取了一系列休养生息的政策，社会经济得到了发展，史称"少康中兴"。

启去世后，王朝陷入混乱
直到启的重孙少康时
夏族才重新恢复统治

吉祥物九尾狐

相传，少康的儿子予发明了战甲和长矛，增强了军队战斗力。他为完成父亲的遗愿，攻打东夷并大获全胜，还获得了吉祥物九尾狐。

夏王宫夜宴

夏朝的政治中心，位于今天的河南二里头。早期的城市被称作邑，人们因祭祀而聚集。

《山海经·海外西经》中记载了启跳舞的场景，他左手拿羽毛，右手拿玉环。

夏王朝与周围部落之间战争频发，战争俘虏也是王朝劳动力的重要来源。

夏代制陶工艺比较发达，烧制的器物坚固耐用，制陶工匠还会在上面涂绘精美的图案。

夏代农业文明有较大发展，农作物主要有黍、稷、稻，也有专门从事畜牧业的部落。

夏代有专门观测和记录星象的历法官，人们依据星象来指导生产生活。

夏代的陶器上存在刻画符号。

沟通天地的上古神兽
——镶嵌绿松石铜牌饰

"保护墓主人的上古神兽，从中国历史第一个王朝走到了今天。"

镶嵌绿松石铜牌饰以青铜衬底，圆角长方形，表面凸起，两侧有两组穿钮，用以固定在织物上。出土时，牌饰背面尚存麻布痕迹。牌饰表面用数百块形状各异的绿松石小片铺嵌成突目兽面。

铜牌饰的作用与功能我们尚不得而知，与夏王朝遥远的历史一样，是那么真切，又是那么朦胧而神秘。经历了数千年风霜的铜牌上，仍显而易见的兽面纹昭示着这件神秘文物与后世历史的传承与联系。可以想

象，当时的人们认为铜牌饰上的绿松石一定具有某种神奇的力量，而墓主人也一定相信这些有着狰狞兽纹的器物能护佑他们，如同真正的猛兽一般。

几千年以来谁都不承想，在二里头不起眼的庄稼

地下，埋藏着一个远古王朝的隐秘，那是文明初始延续至今的生命呼唤。数千年前的工匠和神职人员共同将人类永生的愿望埋葬于此，今天，它们仍在远古的回响中显得新鲜而亲切。虽然肉体不灭的梦想已经显得缥缈虚无，但其中的愿望在精神和文化的层面都实现了——它们和二里头以及夏王朝一起在历史中永生。

文物档案

名称：镶嵌绿松石铜牌饰

年代：夏代

材质：青铜、绿松石

规格：长 16.5 厘米
　　　　宽 8~12 厘米

出土地：河南偃师二里头

收藏地：二里头夏都遗址
　　　　　博物馆

第一个世袭制王朝

最早见于文献的夏氏族成员是"鲧"。

槐征九夷

槐是夏朝的第八位王，他在位期间，先后征服了九夷部落，扩大了夏朝的势力，社会经济得以快速发展。

夏历

通过对自然的观测，夏人制定了历法——夏历，将一月定为一年的开始。而商历、周历、秦历分别将十二、十一、十月定为岁首。

帝王的退休生活

据《竹书纪年》记载，夏后不降在当政的第59年将后位内禅于其弟扃，正式开始了自己的退休生活，直到10年后去世。

《夏小正》

夏代设有历法官，他们长期观察天象、物候等，并记录。《夏小正》中记载了一次日食，并描写了人们鸣鼓奔走的情景。

夏朝没有文字直接流传下来
只能根据其他古代文献的记载
了解夏朝的各种情况

占卜

夏朝的统治者把自己的行为说成是天的意志，通过占卜决定国家大事。

王室星象师

夏代人已能依据北斗星旋转斗柄所指的方位来确定月份。王室设有专门的星象师记录每个月中的星象、气象、物象，并根据天象来安排生产生活。

五十而贡

史书记载"夏后氏五十而贡"，认为夏代存在着普遍的田赋制度。后人推断，夏代人耕种五十亩地，要将收成的十分之一作为赋税上缴。

由于资料的缺乏
夏朝是否真正存在
还需要通过考古发现来进一步证明

华夏九州

夏朝存在 471 年，后人以"华夏"自称。

孔甲好龙

第十四任夏后孔甲沉湎于酒色，统治残暴，喜好鬼神之术。相传他养了两条龙，还专门聘请了一名御龙师照顾龙的起居。

年龄最大的太子

夏后皋 73 岁才继承王位，在位 11 年就去世了。

车战

车战是夏代的主要作战方式。一辆战车可乘坐 3 人，一人射箭，一人持矛或者戈，中间的士兵负责驾车，这种作战方式一直延续到商周时期。

夏朝军队

夏朝时还没有常备军，只有贵族组成的平时卫队，作为夏王的警卫。如果发生战争，夏王就临时征集奴隶组成军队进行战斗。

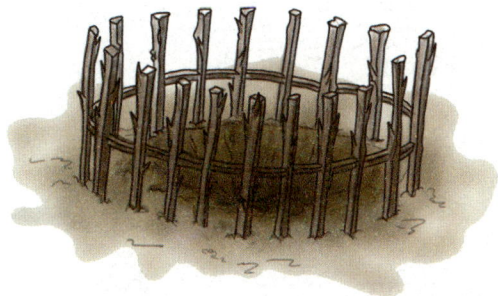

商汤灭夏后
一部分夏人南迁于杞
另一支夏人向北迁徙
成为匈奴的祖先

最早的监狱

夏后槐的"圜土"、商汤被夏桀囚禁的"夏台"便是夏时的监狱，是中国史书记录的最早的监狱。"圜土"是一种原始的监狱，在地下刨挖圆形的土牢，在地上搭架篱笆圈围土牢。

臣　妾

臣妾

在夏代，务农的奴隶称"民""黎民""众"；放牧的奴隶称"牧竖"或"隶圉"；家奴则称"臣"（男性）和"妾"（女性），这一叫法一直流传了几千年。

《竹书纪年》

《竹书纪年》共十三篇，叙述夏、商、西周和春秋战国的历史，按年编次。它是中国古代未经秦火的编年通史，是研究夏朝历史的重要参考文献。

夏桀亡国

据史书记载，夏桀能"手搏豺狼，足追四马"，但却残暴荒淫。他在位52年，使他亡国的原因我们不得而知，但是他的坏名声却流传了几千年。

相传夏桀失去民心
连自己的族人都痛恨他
并希望跟他同归于尽

夏代历史大事记

约公元前 2070—前 1600 年

约公元前 21 世纪	约公元前 21 世纪	约公元前 20 世纪	约公元前 20 世纪

十二部落

夏朝最初是由十二个兄弟部落组成的，其中最厉害的部落名叫夏后氏，所以建立王朝后就以夏为名。

大禹治水

大禹带领华夏诸部落治理洪水，征服三苗，获得了众多部落的支持，成为中原领袖，并被尊称为"夏后氏"。

第一个"王二代"

部落联盟首领去世后一般会由部落联盟推选有能力的人来继承，而从夏启开始，继承人变成了王的儿子，启正式成为中国历史上第一个"王二代"。

后羿代夏

启死后，他的儿子太康即位。太康不问政事，沉湎于酒色和打猎，失去了民心。有穷氏部落首领后羿趁太康出去打猎之时，射杀了太康，夺取了王位。

| 约公元前 19 世纪 | 约公元前 19 世纪 | 约公元前 17 世纪 | 约公元前 16 世纪 |

少康复国

流落异乡的王子少康收回了父辈丢失的王位，重新振兴了王朝的威望，并使夏朝的国力走向巅峰。

槐征九夷

槐是夏朝的第八位王，他在位期间，先后征服了九夷部落，扩大了夏朝的势力，社会经济得以快速发展。

孔甲好龙

第十四任夏后孔甲沉湎于酒色，统治残暴，喜好鬼神之术。相传他养了两条龙，还专门聘请了一名御龙师照顾龙的起居。

夏桀亡国

据史书记载，夏桀能"手搏豺狼，足追四马"，但却残暴荒淫，最终夏朝在他手上亡国。

商朝时期地图

土方
土方是北方地区的方国，与商王朝的战争十分频繁。

铜刀·铜矢镞
商代军队的主要武器有青铜铸造的刀、矢镞等。

人殉
商代，大量活人为死去的氏族首领、家长、封建主殉葬。

妇好
妇好是武丁的王后，也是中国历史上第一位女性军事统帅。

制陶
商代的手工业产量大，工艺水平高，分工细致。

武丁
武丁在位时勤于政事，任用出身低微的贤能之才辅政，使商朝空前发展，史称"武丁盛世"。

粮食作物
商代的粮食作物主要有黍、稷、稻、麦等。

玄鸟与简狄
相传，简狄外出沐浴，吞玄鸟之卵而生下了商的始祖契。

武乙射天
商王武乙把一个装满兽血的大皮囊挂在树上，用箭将其射破，他称之为"射天"。

司母戊鼎
商周是青铜器的时代，礼器以鼎为代表。

殷墟车马坑
殷墟车马坑位于
河南安阳殷墟遗址内.

斝
商汤打败夏桀之后, 将"斝"
定为御用的酒杯, 诸侯则用角.

大
兴
安
岭

酒池肉林
商纣王下令在池子里装满
酒, 在树林里挂上大块的肉,
边玩边吃, 生活荒淫至极.

长
白
山
脉

玉虎
虎为百兽之王, 后来
被人神化, 和龙一样,
成为人们崇拜的神兽.

鸣条之战
夏朝末年, 商汤率兵与夏军
在鸣条进行的一场决战.

阴 山 山 脉   鬼方

贺
兰
山

羌 黄

犬戎

占卜
殷商时期, 国家大事均由巫
史占卜决定.

氐

渤
海

黄   海

河

淮夷

长   濮

江

甲骨文
河南安阳殷墟出土的甲骨
文, 记载了殷商文化的点滴.

东   海

钓鱼岛 赤尾屿

贝币
一种由天然海贝加工而成的
商代货币.

南   海

南   海

青铜时代的中国制造
——司母戊鼎

"方鼎盛谷物以祭地，圆鼎则盛肉以祭天。"

司母戊鼎是迄今中国出土的最重的青铜礼器，享有"镇国之宝"的美誉。鼎身四周铸有精巧的盘龙纹和饕餮纹，增加了文物本身的威武凝重之感。鼎腹内壁铸有"司母戊"三字。

为了吸取商王朝早期政治混乱、道德败坏的教训，后世的商朝人逐渐重视孝道和对祖先的尊崇。商王祖甲继位后，为了纪念自己的母亲戊，命人制造出了这尊大鼎。祖甲是商王武丁最喜欢的儿子。武丁本打算让祖甲继承王位，但是祖甲却不想让自己的父亲做出废长立幼的不德之举，于是出走皇室，隐藏于乡野民间中。原本打算身为平民度过一生的祖甲，在知晓他哥哥祖庚去世的消息后，重新拾起自己作为王室后裔的责任，放弃安定的生活，回到国都继承王位。

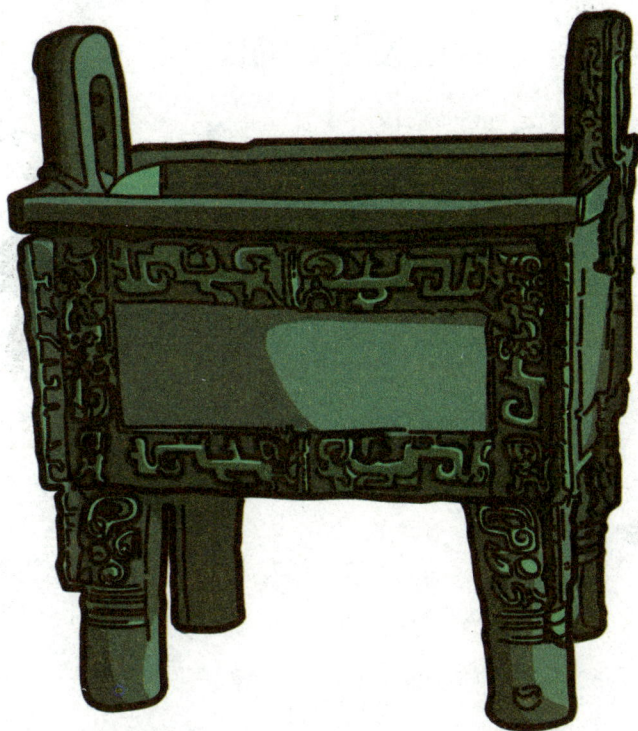

（有学者认为应称之为"后母戊鼎"）

　　千年后的我们无从评判祖甲出走与回归的对错，但其孝悌之心从未改变。

　　司母戊鼎不仅承载着一位国王纪念自己母亲的个人情感，更加彰显了一个王朝通过文化道德去统治国家的探索和努力实践。

文物档案

名称： 司母戊鼎
年代： 商代
材质： 青铜
规格： 高 133 厘米
　　　　 口长 112 厘米
　　　　 口宽 79.2 厘米
出土地： 河南安阳
收藏地： 中国国家博物馆

商朝政治

商朝是中国奴隶社会的发展时期。

会做生意的商人

商人的祖先驯服了野马、野牛，发明了牛车，并利用畜力发展商贸，因此商部落成为夏末时最强大的方国，商人善于经商的名声也源于此。

天降玄鸟

简狄吞玄鸟蛋而生契，因此商人非常崇拜玄鸟。

王亥之死

商汤七世祖王亥放牧到黄河北岸，有易氏部落首领绵臣见财起了歹意，杀害了王亥。王亥之子上甲微向河伯借兵，杀死了绵臣，报仇雪恨。

像做饭一样治国

商初大臣伊尹用做菜的道理比喻治国之道以说服商汤，协助商汤实现了王道的政治，"治大国如烹小鲜"就源自于此。

甲骨文是中国已发现的
古代文字中年代最早
体系较为完整的文字

汤誓

鸣条之野，两军阵前，商汤与各部落首领及全军盟誓共同征讨夏桀，如果谁违背誓言，必定身败名裂、世代为奴。

九世之乱

商朝从中丁开始，王室内部连续发生王位纷争，混乱持续了五代九王，并五次迁都，使商王朝国力衰落，四方不服，直到盘庚迁殷后才最终结束。

不听话的帝王

商王太甲年轻时不遵祖训任意胡来，重臣伊尹将太甲软禁在桐宫三年，太甲悔过自新后，伊尹才将政权交还给他。

盘庚迁殷

为了扭转商朝的颓势，商王盘庚下令迁都，并采取了一系列恢复国力的举措，自此之后，商王都一直都固定在殷。

商代已建立起比较完备的国家机构
奴隶社会的统治秩序已经比较稳固

偃师商城

商人经历了 8 次迁都，终于在偃师商城定居下来。

掌管王车的官员叫作车正，负责商王私事的多是"尹"。

商人很重视对自己祖先的祭祀。

商代的城市中，有专门观测星象的场所和机构。

商代的官职系统比较健全，修建城池的负责人是专门掌管工匠的司工。

商人无事多卜，占卜祭祀的场所在商代城市中很常见。

商代专门为贵族子弟开设了学校，由专门的国老来负责教学。

商人的马车制造技术已比较成熟，并且拥有发达的物流系统。

四羊历险记

——四羊方尊

"祈福祥瑞，四方吉祥。"

四羊方尊器身方形，方口，大沿，颈饰口沿外侈，每边边长几乎接近器身高度。方尊的颈部高耸，四边上装饰有蕉叶纹、三角夔纹和兽面纹。肩、腹部与足部作为一体被巧妙地设计成四只卷角羊。这件方尊是商代青铜器的典范，也是中国青铜器铸造工艺的高峰。

"尊"是古代的一种酒器，而四羊方尊可能是一件用于祭祀的酒礼器。羊是古代重要的食用牲畜，同时也是中华文化吉祥的象征。汉字"鲜"由"鱼"和"羊"

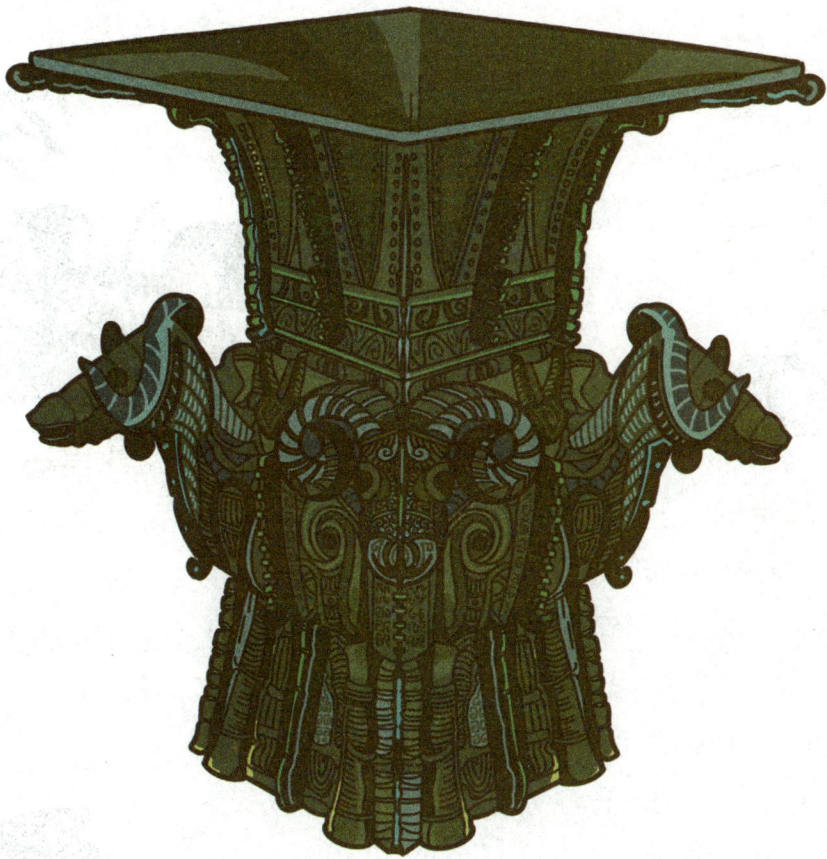

组合而成，表示食物的丰富与美味，可见羊在中国人心目中的地位。由此也不难理解，因为有了羊等牲畜，人们才有食物可以充饥，有皮毛可以御寒。不饥不寒，就代表着丰收与富足，老百姓富足了，国家才能强盛，天下才会太平吉祥。

如今，这件国宝被收藏在中国国家博物馆内，并且被史学界称为中国十大传世国宝之一。

文物档案

名称：四羊方尊

年代：商代

材质：青铜

规格：上口最大径 44.4 厘米
高 58.3 厘米
重 34.6 千克

出土地：湖南宁乡

收藏地：中国国家博物馆

商朝的兴盛

盘庚迁殷后，商朝开始真正兴盛。

囚徒宰相

商王武丁夜里梦见一位名叫"说"的能人，便派人去寻找，结果在傅险这个地方找到了。当时"说"是个苦役犯，但他是个有能力、有学问的人，于是武丁破格任用他为宰相，又将傅险作为他的姓氏，称他为傅说。

史上最早的伏击战

在商王朝与巴国的交战中，王后妇好在巴军必经之路上设下埋伏，并大获全胜。这次战役是人类战争史上记载最早的伏击战。

北伐鬼方

鬼方是商朝的一个方国，盘踞在西北部。为了消除鬼方对商朝的威胁，武丁命王后妇好为帅，带兵讨伐鬼方，历时三年，终于打败了鬼方。

继承制

商代的继承制度是父死子继，辅之以兄终弟及。从商朝后期起，王位继承发展的趋势是向嫡长子继承转变。

商代女性可以成为**军事统帅**
并能够参与到
国家统治和**地方管理**中来

官制

商代已建立起比较完备的国家机构，并实行世官制度。这种制度有利于奴隶制国家的管理和运行，社会阶层也因此更加稳固。

占卜

商代盛行占卜，凡事大自祭祀、征伐、天时、年成、田猎，小至私人疾病、生育，无一不求神问卜，以定凶吉与行止。

人殉和人祭

奴隶主去世之后，服侍该主人的奴隶会被处死，给主人殉葬。在贵族祭祀祖先的时候，也经常处死奴隶来向祖先表达敬意。

天帝崇拜

商人问卜的对象有三大类，即天神、地祇、人鬼。在这三类中，"帝"是最高的神明，是世间万物的主宰，而君主只是人间的"帝"。

盘庚继位后整顿政治、发展经济商朝得以兴盛

谁的酒量最好
——龙虎纹青铜尊

"在古代，酒是一种文化寄托和心灵依靠。"

龙虎纹青铜尊，器口侈大，直径过肩，颈部较高，下部收缩，呈大喇叭状。尊是商周时期的一种盛酒器，在青铜器锻造技术发达的商代，青铜器是王公贵族身份地位的象征。

龙虎纹青铜尊出土自安徽省阜南县。一位渔民出船捕鱼时，意外捞上来了一堆古铜器。阜南县在商代是淮夷部落的聚居地，淮夷部落和商王朝关系密切，文化交流频繁。龙虎纹青铜尊极有可能是洪水泛滥、河道变迁后，把埋藏在附近地下淮

夷人墓葬的随葬品冲入了河里。淮夷为东夷之一，夏商周时期分布于今淮河中下游一带。青铜锻造技术和酿酒技术从中原传入淮夷地区后，深受淮夷贵族们的喜爱。

商周时期的青铜酒器的容量都非常大，这并非当时的人的酒量比后世的人要大，而是因为当时的蒸馏技术还不成熟，酒的度数都不是很高。

文物档案

名称： 龙虎纹青铜尊
年代： 商代
材质： 青铜
规格： 口径 44.9 厘米
　　　　足径 24 厘米
　　　　高 50.5 厘米
　　　　重 26.2 千克
出土地： 安徽阜南
收藏地： 中国国家博物馆

商代官吏体系

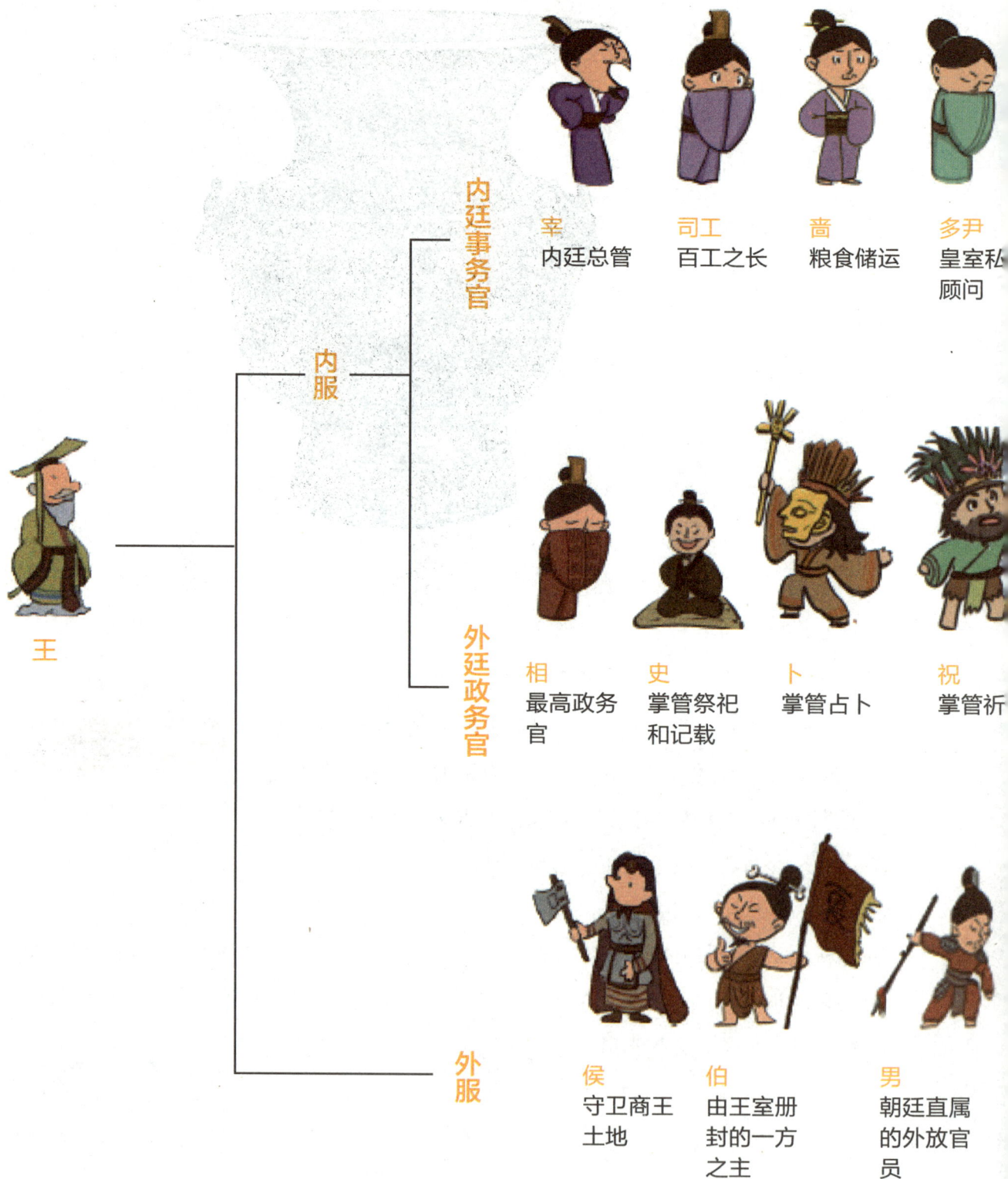

王

内服

内廷事务官

宰 内廷总管

司工 百工之长

啬 粮食储运

多尹 皇室私顾问

外廷政务官

相 最高政务官

史 掌管祭祀和记载

卜 掌管占卜

祝 掌管祈

外服

侯 守卫商王土地

伯 由王室册封的一方之主

男 朝廷直属的外放官员

国老
贵族教师

耤臣
掌管奴隶
耕籍

畋老
掌管外地
籍田

兽正
掌管狩猎

车正
掌管王车

牧正
掌管畜牧

酒正
掌管酒

为商王
驾车

作册
掌管记载
保管典籍

族尹
负责基层
行政事务

太师
乐工之长

师长
军事统帅

亚
掌管侍卫
的武官

事
基层官员

犬
管理田猎

卫
捍卫王室

负责田事
的外放官
员

愤怒的小鸟

——"妇好"青铜鸮（xiāo）尊

"鸮是商朝人崇拜的神鸟，并被视为战神。"

"妇好"青铜鸮尊出土于安阳殷墟妇好墓，是墓中近500件青铜器中的一件。妇好是商王武丁的妻子，她的墓是商代王室墓中保存最完好的一座，整个墓中出土了1928件文物。

鸮就是今天我们说的猫头鹰。商朝人十分推崇能在黑暗和混乱中理清思路、明辨方向的猫头鹰，并将其视为战神。除了鸮尊之外，妇好墓中还出土了很多的兵器，这其中包括象征着权力的钺，可见墓主人妇好的地位之尊贵。在现存的甲骨文献中，妇好的名字频频出现，仅在安阳殷墟出土的1万余片甲骨中，提及她的就有200多次。

为什么一位王后的墓中会出现代表战斗的鸮呢？妇好是武丁的王后，但她却拥有自己独立的封地，

身为一介女流却能带兵打败来犯的敌人，如同一个战神，所以人们用鸮来纪念这位王后将军。她生前曾参与国家大事，主持祭祀，帮助她的丈夫实现了商朝著名的"武丁盛世"。

今天，很多年轻人根据鸮尊的形象，戏称其为"愤怒的小鸟"，而它的主人其实是一位名副其实的巾帼英雄。她曾北讨土方，东南伐夷，西败巴方，为商王朝拓疆辟土立下汗马功劳，是后世女性的榜样。

殷墟的回声

商朝为中国古代文化的进一步发展奠定了基础。

殷墟

从考古发掘的规模来看，殷墟遗址中分布着宫殿、宗庙、祭坛等建筑80余座。殷成为了商朝的政治、经济和文化中心。

《汤刑》

《汤刑》是商代法律的总称，其实这部法典监管和赏罚的对象主要是大大小小的奴隶主，是商代政权管理各级官员和贵族的工具。

井田制

商代的农耕实行井田制，田地里有规整的沟渠和道路，甲骨文中也有大量关于田地和灌溉的文字，说明商代的农业十分繁荣。

征兵制度

发生战争时商王会发出临时征兵的号令（登人），国人有义务参加军队为国效力。征集的对象主要为庶民阶层的商族人，奴隶只能充当军队中的杂役。

劈你的雷在路上

商王武乙认为自己比天神厉害，他将一个装满了血的皮囊挂在树上，然后当众将其射破，称之为"射天"。后来武乙外出狩猎时，被雷劈死了。

酒池肉林

纣王下令扩建沙丘，还把乐工戏子叫到沙丘来，用酒装满池子，把肉悬挂成林，以便一边游玩，一边随意吃喝。这就是所谓的"酒池肉林"。

做过屠夫和小商贩的姜子牙

商人以商业发家，在建立王朝后出现了专门从事长途贩运的商贾，城市里还出现了做买卖的小商贩。相传姜子牙就曾经在朝歌做过屠夫和小商贩。

比干挖心

纣王的叔父比干劝谏纣王行善，但是反而被纣王挖心而死。

武丁开创了商朝的盛世
但是他的后代们并没有
将强盛延续下去

会说话的骨头

——殷墟嵌绿松石甲骨

"龟背上的王朝：甲骨文上的商王朝。"

嵌绿松石甲骨是我国博物馆中现存的唯一一件文字镶嵌绿松石的甲骨。这块兽骨上记录了商王射杀了一头体型巨大的野牛。官员们奉命在这头野牛的骨头上记录下了这件事。一般的甲骨就是一块质朴无华的骨头，而从这块甲骨中镶嵌的绿松石可以看出，商王对于自己射杀野牛的事十分高兴，认为值得着重记录下来。

近代有关于甲骨文发现的最早记录来自于河南安阳，当地村民将甲骨当作"龙骨"，以为这是能包治百病的药材。后来被学者发现其中的历史价值，及时收集抢救，甲骨才免于被当作药材损毁的命运。百余年来，在中国境内出土的甲骨已经超过了 15 万块，其中记载的单字有 4500 多个，目前可以辨识的字约有 2500 个。

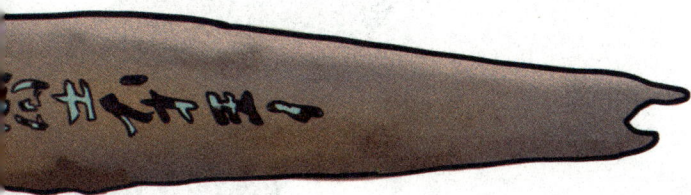

3000 多年前，商代的巫师和官员将当时祭祀、占卜的具体内容，以及贵族生活的场景，全都记录在这些甲骨上，为后世的我们展现了一个遥远神秘，但又鲜活可亲的时代。

在过去的数千年中，

从来没人想到过，正是这些埋藏于泥土中、毫不起眼的兽骨和龟甲，见证了商王朝的兴衰，让一个神秘而久远的王国重新焕发出文明的光芒。

文物档案

名称： 殷墟嵌绿松石甲骨
年代： 商代
材质： 兽骨、绿松石
规格： 不详
出土地： 河南安阳
收藏地： 中国社会科学院
　　　　　考古研究所

甲骨上的历史

甲骨文的"水"字，中间像水脉，两旁似流水。指以雨的形式从云端降下的液体，无色无味且透明。

水
shuǐ

甲骨文的"子"字，像小儿在襁褓中，有头、身、臂膀，两腿像是并起来的样子。指婴儿。

子
zǐ

甲骨文的"人"字，像侧面站立的人形。指能制造工具、改造自然，并使用语言的高等动物。

人
rén

日
rì

甲骨文的"日"字，像太阳形，轮廓像太阳的圆形，一横或一点表示太阳的光。指太阳。

月
yuè

甲骨文的"月"字，像半月形。指月亮，也用来表示时间。

山
shān

甲骨文的"山"字，像山峰并立的形状。指地面上由土石构成的隆起部分。

20克黄金里的宇宙
——商周太阳神鸟金饰

"'神鸟绕日'表达了中华先民向往太阳、崇尚光明的飞天梦想。"

耀眼的金芒，仿佛普照大地的神灵。这是距离我们3000年前的太阳神鸟。0.02厘米厚的金箔上，镂刻出内外两层图案。内层是有12条齿状光芒的圆圈，恰似一轮火球，倘若看久一点儿，你会感觉它在顺时针转动。

外层由4只飞行的神鸟组成，它们首足相接，引颈伸腿，身姿修长优雅，好像随时会逆时针舞动起来。

在先人的想象中，太阳温暖着大地，以光和热哺育万物，而能与之并肩而行的唯有鸟儿。神鸟负载太阳而行，才有了东升西落，是谓"金乌负日"。这片薄薄的金箔，是这则瑰丽神话的生动图解。

有人说，4只神鸟首足相接、循环往复，代表四季轮回，12道太阳金芒代表12个月周而复始。4和12

都暗合着天数，自然送给人类的礼物被古蜀人用世界上最珍贵稀有的金子，在一个巴掌大的地方，勾画出了古蜀人的宇宙印象。

"太阳神鸟"，20 克黄金里的宇宙，是时光的一晃。在这 0.02 厘米厚度记录的宇宙时光里，我们和此刻的世界，如一粒微尘般存在。

文物档案

名称： 商周太阳神鸟金饰
年代： 商代
材质： 金
规格： 外径 12.53 厘米
内径 5.29 厘米
厚 0.02 厘米
出土地： 四川成都
收藏地： 金沙遗址博物馆

古蜀文明

古蜀国灭亡后留下的大量金银器、玉器、陶器、青铜器等文物，让后世的人知道了三星堆文化的存在。

金面铜人头像象征着拥有权威、神圣地位之人，他们手握生杀大权，并有与神交流的特殊技能。

青铜大立人像集神、巫、王于一体，是神权与王权最高权力的象征。

古蜀人在石壁上刻字与图案，以记录当时所发生的大事。

巫师作法与神灵沟通时，国王带领臣民行祭祀之礼，以表虔诚之心。

商周太阳神鸟金饰是古蜀国黄金工艺辉煌成就的代表，体现了古蜀人对太阳神的强烈崇拜。

"V"式铜圆尊上刻有羊、鸟等动物图案，为古蜀人祭祀所用。

有"千里眼""顺风耳"之誉的青铜纵目面具，是古蜀人的祖先神造像。

商代历史大事记

约公元前 1600—前 1046 年

约公元前 21 世纪

约公元前 16 世纪

约公元前 14 世纪

约公元前 14 世纪

受封于商

商人的始祖契因协助大禹治水有功而受封于商邑。

九世之乱

商朝从中丁开始，王室内部连续发生王位纷争，混乱持续了五代九王，并五次迁都，使商王朝国力衰落，四方不服。

鸣条之战

商人领袖汤在鸣条打败夏桀，之后建立了商王朝。

盘庚迁殷

商朝初期内乱不止，迁都频繁，直到盘庚将都城迁至殷，商王朝才算稳定下来，商朝也因此被称为殷商。

约公元前
13 世纪

约公元前
12 世纪

约公元前
11 世纪

约公元前
11 世纪

武丁盛世

商王武丁在位时，唯才是举，开疆拓土，使殷商国势达到鼎盛，史称"武丁盛世"。

王权与神权之战

商人崇尚占卜，神权势力逐渐强大，商王武乙为了加强王权，展开了与神权的斗争，使传统的天神观念受到极大的冲击。

帝辛迁都

为了规避周打败黎国（今长治附近）、邘国（今沁阳）后对殷都（今安阳）所形成的两面夹击的形势，纣王将国都迁至朝歌。

比干挖心

纣王的叔父比干劝谏纣王行善，但是反而被纣王挖心而死。

西周时期地图

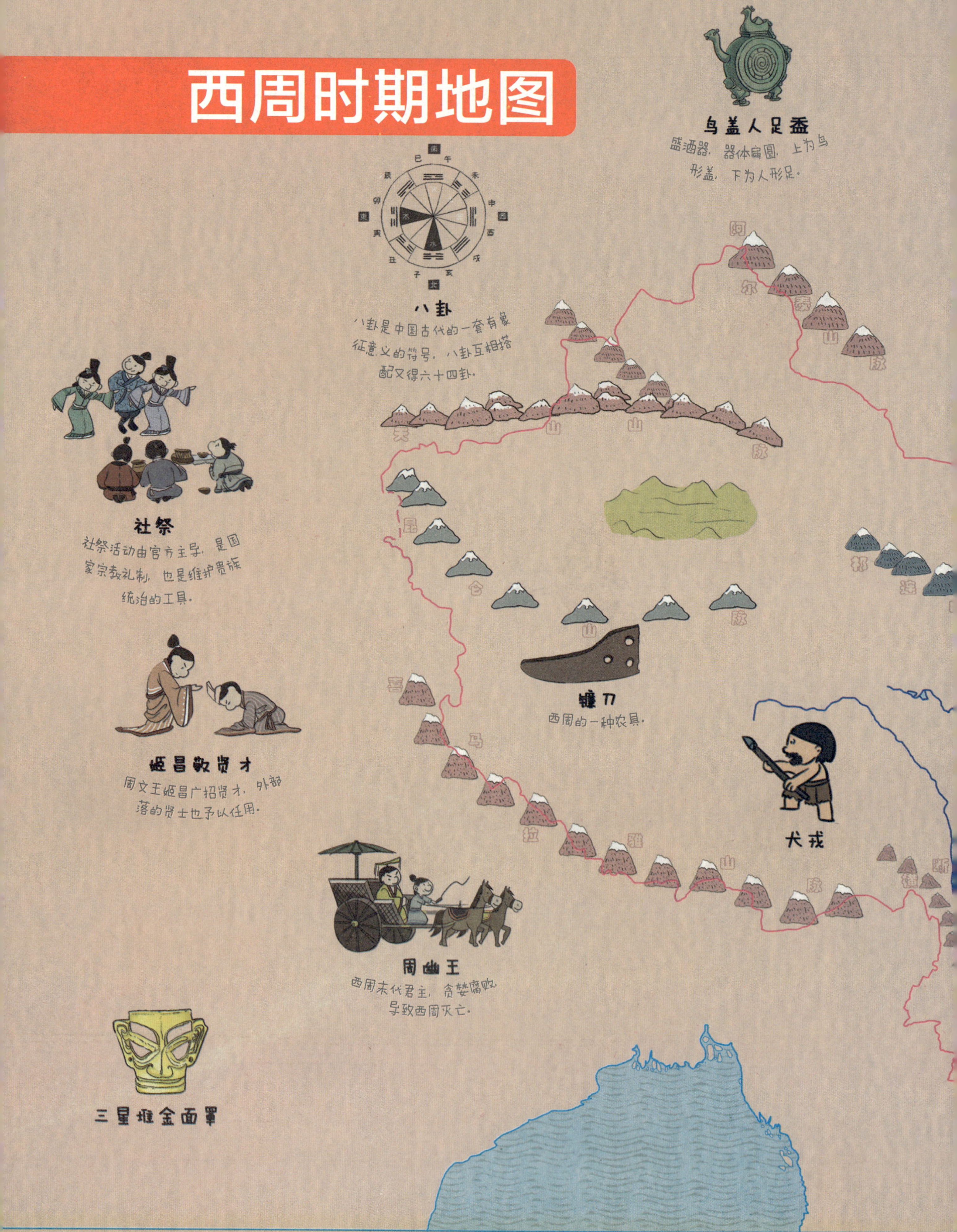

鸟盖人足盉
盛酒器，器体扁圆，上为鸟形盖，下为人形足。
八卦
八卦是中国古代的一套有象征意义的符号，八卦互相搭配又得六十四卦。
社祭
社祭活动由官方主导，是国家宗教礼制，也是维护贵族统治的工具。
姬昌敬贤才
周文王姬昌广招贤才，外部落的贤士也予以任用。
周幽王
西周末代君主，贪婪腐败，导致西周灭亡。
三星堆金面罩
镰刀
西周的一种农具。
犬戎
阿尔泰山脉
天山山脉
昆仑山脉
喜马拉雅山脉
祁连
横断

乐舞

西周乐舞是礼乐中极为重要
的艺术形式，分为大舞、
小舞、散乐等。

贝币

西周时期社会上流通的
一种货币。

分封

西周时期实行封建亲戚，以
藩屏周的政策，建立诸侯国。

弃

周族始祖，尧舜时期的
农业高手。

大兴安岭

长白山脉

东夷

鬼方

阴山山脉

贺兰山

河水

渤海

羌

周公摄政

武王建立周朝后不久就去世了，
其子成王年幼，由周公旦摄政。

黄海

淮夷

江

水

越

姜尚

姜尚即姜子牙，被姬昌拜为
"太师"，是周朝开国元勋。

蜀

穆王会见西王母

戈

古代兵器，横刃，用青铜或
铁制成，装有长柄。

钓鱼岛

赤尾屿

南海

南海

青铜碗才是"铁饭碗"
——"利"青铜簋

"周王对有功劳的人论功行赏，而赐鼎就意味着被王室赏饭碗。"

利簋，又名"武王征商簋"，它是目前出土的西周文物中时间较早的青铜器。利簋高 28 厘米，口径 22 厘米，重 7.95 千克。簋是古代的一种青铜食器，用来盛装煮熟的谷物类主食。利簋的形态上圆下方，很可能是中国古人天圆地方地理观念的体现。

在周代，只有王公贵族才有资格制造青铜器，而青铜器的制造必须合乎等级。按照周王朝的礼法，制造青铜器需要向相关部门报告。当然，有些人会因为某事得到王的赏赐而拥有青铜器。这件青铜器的拥有者名叫"利"，所以才被称为利簋。不难想象，利跟随武王伐纣时奋勇杀敌，立下了赫赫战功，才得到了王赏赐的青铜。利感到十分光荣，便将青铜送到制器部门，专门制作了这件簋。而有了这件簋，就意味着周王室对利的功劳和贵族身份的认可，

利和他的家族就可以一直跟着周王室混饭吃了。

在利簋内部篆刻着 33 字铭文，记载了甲子日清晨武王伐纣这一事件。考古学家们依据这件利簋上的铭文，最终确定了武王伐纣的具体时间，也就是商王朝历史终结的时间。也就是说，

直到这件青铜器的出现，我们才算是真正确定了商周两个王朝的分界，长久以来困扰历史学界的谜题才终于有了答案。

文物档案

名称： "利"青铜簋
年代： 西周
材质： 青铜
规格： 高 28 厘米
　　　　口径 22 厘米
　　　　方座长宽 20.2 厘米
　　　　重 7.95 千克
出土地： 陕西临潼
收藏地： 中国国家博物馆

三分天下有其二

天命观是周人的基本治国理念。

司农之神

帝喾的妻子姜嫄踩巨人脚印而生后稷（周始祖），出生不久遭母亲遗弃。长大后他特别会种田，在尧、舜、禹三代都掌管国家农事，后人尊称他为司农之神。

创业艰难

周人祖先曾多次迁徙，直到公刘时期周人迁居至豳，这时他们才开始开垦荒地、建造城市。到商王武丁时期，周才成为商的封国。

成人之美

周太王想要传位给自己的小儿子季历，但是依照制度长子才能继位。为了不让父亲为难，季历的两个哥哥太伯和仲雍主动出走，双双奔吴。

称霸西境

商中后期，周人协助王室征战，先后征服了鬼方、戎狄、燕京戎、余无戎等方国和部落。商王封周主季历为西伯，并任命其为"牧师"统率西境。

通过青铜器上的**天象记载**
历史学家们研究确定了
武王伐商的具体时间为
公元前 1046 年

周朝奠基人

西伯侯晚年时，周势力强盛，已是"三分天下有其二"的大国。他的儿子伐商后，追称他为文王。

武王伐纣

考古学家据出土青铜器上对当年哈雷彗星的记载以及干支纪年法，确定武王姬发率领诸侯联军起兵伐纣发生在公元前 1046 年。

以殷制殷

周初，很多殷商旧部并未真正臣服，武王听取周公旦的意见采取"以殷制殷"的政策，分封商纣王的儿子为诸侯，管理殷商故地。

三监之乱

武王灭商后不久就病逝了，继位的成王年幼很难服众。武王的几位兄弟联合殷商旧部，造反夺权。摄政王周公旦率军东征，平定了叛乱。

武王伐商前周人已经很强大
据史书记载
周人"三分天下有其二"

西周井田制

井田制出现于商朝，于西周时发展成熟，是中国古代社会一种以国有为名的贵族土地所有制。

周人把土地分隔成"井"字形方块，称作"井田"。井田归周王所有，分配给庶民使用——井田制。它可能仅是一种乌托邦式的理想制度。

周代的养蚕技术十发达，主要养春蚕而禁夏蚕，一年只养一茬，免桑叶采摘过度而残桑

周代的纺织工艺非常成熟，有平纹、斜纹、提花、凤鸟纹刺绣图案等纺织样式。

粮仓不仅是百姓生存的基本保障，还能应对战争、饥荒、水灾等意外情况的发生。

一切土地属于周王所有，农田围绕城中心分布，庶民不能私自开垦荒地。

居住在天下中央
——何尊

"一封写给 3000 年后的中国人的信。"

何尊是一件祭祀用的青铜器，于 1963 年被宝鸡市陈仓区的一对农民夫妇在出租屋后的土崖中发现，后被人转卖给废品收购站，最终被文物专家发现。这件青铜尊后被列为中国首批禁止出国（境）展览文物、国家一级文物。何尊

高 38.5 厘米，口径 29 厘米，重 14.6 千克。腹足有精美的高浮雕兽面纹，角端突出于器表。

何尊的主人是西周宗室贵族姬何。姬何跟随自己的父亲营建东都，立下汗马功劳，故而被周王赏赐了三十朋贝。

姬何感恩戴德，因而制作此尊。姬是周王室的姓，可见姬何原本就是王族成员，而且他与周成王姬诵在宗室中很可能辈分相同、年龄相仿。周朝建立初期，为了继承和发扬周文王与周武王的遗志，周王室的年轻后人在各自的岗位和封地

上奉献着自己的青春和热情。通过尊中铭文不难看出，姬何对于自己参与营造东都感到非常自豪，表现出他作为臣子的忠诚之心。

尊内底铸有铭文 12 行 122 字，记载了周成王筑城之事和祭祀祖先、赏赐臣子等一系列活动。其中"宅兹中国"为"中国"一词最早的文字记载，表现了周王室定都于天下中心、肃清万里的豪迈气魄。而铭文中还第一次出现了"德"字，这也从侧面表明了周王朝以德治国的政治理念。

文物档案

名称：何尊
年代：西周
材质：青铜
规格：通高38.5 厘米
口径29 厘米
重 14.6 千克
出土地：陕西宝鸡
收藏地：宝鸡青铜器
博物院

创业维艰

周朝是中国古代存在最久的王朝。

分封天下

周朝建立后，周武王害怕政权不稳，就将自己的兄弟、儿子、功臣分封为世袭诸侯，管理当地人口、军队和钱粮，并负责定期朝贡，保卫王室安全。

成周之会

东都洛邑建成之后，成王颁布《洛诰》，并将新都命名为"成周"，以示周业大成。随后还发诏会盟诸侯，命各方诸侯前来朝贡。

营建东都

虽然周灭了商，但不管是经济还是文化，当时最发达的仍然是伊洛地区。为了加强对王朝的统治，方便继续征服周边地区，周公便着手营建东都洛邑。

桐叶封弟

周成王与弟弟叔虞一起玩耍，成王将一片桐叶当作圭送给叔虞，并假装将唐国封给叔虞，史佚告诉成文"天子无戏言"，成王最终兑现了承诺。

周朝一建立就分封诸侯
利用王族力量武装统治
并兴建**东都洛邑**
加强对东方的控制

康王伐鬼方

从周公旦营建洛邑开始，周王朝对周边民族的征讨就没有停歇过。据小盂鼎铭文记载，仅在康王征讨鬼方的战争中就斩首 4800 多人，俘虏 1 万多人。

宗法制度

为了让统治传承有序，周代施行宗法制度和嫡长子继承制。不论是王室还是诸侯，都实行嫡长子继承制度。

成康之治

据史书记载，成王到康王这 40 多年间，周朝没有使用过一次刑罚，国力强盛、四方太平。史书上称之为中国历史上记载的最早的太平盛世。

井田制

为了加强对人口的控制和对税收的管理，周代完善了源自商代的井田制，其最大目的在于宣示王室和分封贵族对土地以及其他社会资源的所有权。

**周朝的军事行动
已经延伸到
江汉平原以南的广大地区**

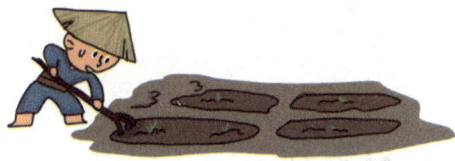

分封天下

分封制度是周王朝的立国之本。

曾国

姬姓诸侯国，受封建国在汉水随地，大约存在于西周成康时期至战国末期，共 700 多年。

陈国（公元前 1046—前 479 年）

妫姓诸侯国，帝舜后裔，位于宛丘（今河南周口淮阳一带），受封为公爵。

虢国

公元前 1046 年建立，姬姓诸侯国，受封为公爵。周文王之弟虢仲、虢叔分别被封为东虢国、西虢国国君，史上共有五个虢国。

齐国（公元前 1044—前 221 年）

分为姜齐和田齐两个时代，受封为侯爵，位于今山东、河南境内。

蔡国（公元前 1046—前 447 年）

姬姓诸侯国，受封为侯爵，始封之君为周武王之弟叔度。公元前 447 年，为楚国所灭。

鲁国（公元前 1043—前 256 年）

姬姓诸侯国，受封为侯爵，首任国君为周武王弟弟周公旦之子鲁公伯禽，有"周礼尽在鲁矣"之称。

晋国（公元前 1033—前 369 年）

姬姓诸侯国，受封为侯爵。首任国君是唐叔虞，后为春秋四强之一。

吴国（约公元前 12 世纪—前 473 年）

姬姓诸侯国，受封为子爵，被越王勾践复仇吞并。

郑国（公元前 806—前 375 年）

姬姓诸侯国，受封为伯爵，位于今河南新郑，为韩国所灭。

楚国

芈姓诸侯国，受封为子爵，位于长江流域，为秦国所灭。

燕国（公元前 1044—前 222 年）

姬姓诸侯国，受封为侯爵，建都蓟（今北京市）。战国七雄之一，为秦国所灭。

越国

姒姓诸侯国，受封为子爵，位于东南扬州之地，始祖为夏王少康的庶子无余。

西周贵族潮流

——"盠"青铜方彝

"分封制有利于王室对地方的控制，但是过度的封赏却动摇了王朝的根基。"

彝为古代的盛酒器，主要盛行于商至西周。这件青铜方彝的器耳的造型仅见于西周中期，其器盖的造型也非常特别，像一座宫殿的屋顶。方彝通体用云雷纹铺底，同时装饰有穷曲纹、夔龙纹、涡纹等纹饰。器盖和器身上有两处由涡纹和云纹组成的圆形标记，这个标记在同一墓葬出土的文物中出现了多次，很有可能是器物主人姬盠家族的族徽。

"盠"青铜方彝内壁铸有铭文10行107字，它的主人姬盠是西周宗室。根据彝内铭文来看，姬盠还是一位掌握周代王畿地区军政大权的高级统帅，是一位位高权重的实权派。铭文记载周王命姬盠统帅周六师、殷八师这两支常备的王室军队，并且还负责掌管礼仪、赋税、水利等重要工作。

铭文中的周王指的是哪一位周王，目前还不得而知。但是可以肯定的是，这是发生在周代中后期的事情。而西周王朝最终的衰落，就是因为君王施政无德，王师孱弱无能。对于周王朝来说，太多的封赏和分权，只能暂时性地实现统治的稳固，但是却在绝对权力的层面动摇了王朝的根基。

文物档案

名称："盠"青铜方彝

年代：西周

材质：青铜

规格：高 22.2 厘米
　　　　口径 14.2 厘米
　　　　底径 13.3 厘米

出土地：陕西眉县

收藏地：中国国家博物馆

四大制度

周代四大制度为分封制、宗法制、井田制、礼乐制。

《九刑》

与商代的刑法不同，周代的刑法主要是为了保护贵族的利益，惩治"盗""贼"。《九刑》中3000多条法规，都有一个原则——"刑不上大夫"。

雅乐

西周宫廷里演奏的音乐叫作雅乐，雅就是"正"的意思，雅乐即典雅纯正的音乐，多用于朝会和宗庙祭祀。当时的乐器主要有编钟、编磬、鼓等。

礼乐治国

吸取商朝灭亡的教训，周人制定了完善的礼乐制度来规范人们的日常行为，并利用礼法观念从道德上约束贵族的思想，维护周王朝的统治。

史官制度

西周设置了大史、小史、内史、外史等一大批史官，史官们通过记录历史为执政者提供施政参考。《尚书》和《周书》就是由周代史官记录的。

《周易》

《周易》通过八卦的理论来占卜吉凶，推测自然和社会的变化，是中国古代的一部伟大哲学巨著。

四大边民

《礼记》中记载的东夷、西戎、北狄、南蛮，是周王朝之外的四大势力。这些少数民族武力强悍，但是文明程度不高、社会结构松散。

分封制、宗法制、井田制、礼乐制
是周代治国的四大制度
它们在这个激荡的时代孕育诞生
其中的礼乐制度的影响力持续了两千多年

圭表法

周人利用太阳照射，发明了标记时间的圭表，表是垂直立在地上的柱子，圭是南北方向平放的测影尺。周人利用圭表来记录时间，确定节气。

两京制度

西周实行两京制度，首都"宗周"位于今陕西西安，是周王祖先宗庙的所在地；陪都"成周"位于今洛阳附近。

把世界戴在胸前
——西周晋侯夫人组玉佩

"礼是古代中国人生活中不可僭越的准则。"

《周礼》说："以玉作六器，以礼天地四方：以苍璧礼天，以黄琮礼地，以青圭礼东方，以赤璋礼南方，以白琥礼西方，以玄璜礼北方。"可见玉器作为一种礼器，在周代社会中的重要地位。它不仅是周人用来与自然沟通、与祖先对话的祭祀用具，更是一种社会等级秩序的规约和象征。

组玉佩的主人是晋国的第九任统治者晋穆侯的次夫人。组玉佩复原长度约158厘米，由玉璜、玉珩、冲牙、玉管、绿松石珠、玛瑙管等组成，共有204件。整体大致有三列，中列有玉璜19件、玉珩3件，左右两列各有玉璜13件、冲牙1件。上部主

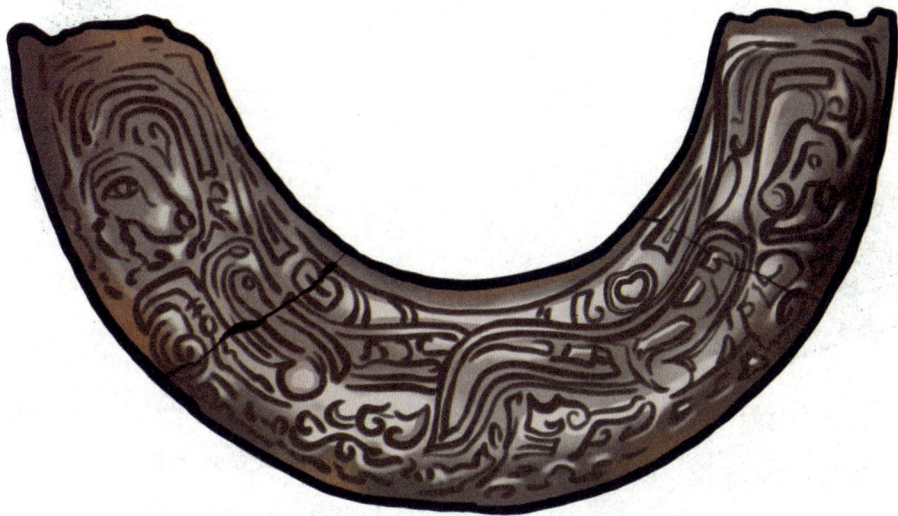

局部图

体的 5 件玉璜都由玉管、玉珠、玛瑙串联。组玉佩的下端是 2 件玉雁。

组玉佩上刻有鱼、蚕、鸟、兽、龙、雁、人首等多种图案，周人将自己对自然与天堂的想象都篆刻在这些精美的玉器上，并期望这些富有灵气的玉器给往生者带去无尽福祉。

2013 年 8 月 19 日，国家文物局将组玉佩列入《第三批禁止出国（境）展览文物》。

真正的贵族

周朝是一个名副其实的城市时代。

城市生活

西周的新贵族通常都是分封而来的，分封贵族通常都会营建城市，建造宫殿。贵族们都会生活在城市之中。

冠冕

在周代，贵族男子都流行戴帽子，贵族的帽子被称作冠，冠又分为冕和弁，由布匹和皮革制成。普通庶民只能包头巾。

医官

周代医生和占卜的巫师已经分开，官府设置了专门的医疗机构来负责给贵族治病。当时已经可以通过体温、声音、气色和内脏活动来判断病情。

庶民

周代的社会结构中人数最多的是庶民，他们既不是贵族也不是奴隶。他们平时耕种纳税，帮贵族田猎，战时入伍，还要为贵族修建宫殿和墓葬。

城市的兴建
改变了王朝的组成结构
同时也优化了人们的生活方式

冠礼

贵族男子年满 20 岁，族人就要为其举行冠礼，以示成年。冠礼在宗庙举行，由贵宾为其加冠，加冠的长者还要负责给受冠者取字，如此才算是成人。

婚姻仪礼

婚配一般需要经过六道仪式，这些仪式一直被保留到了今天。婚礼中最重要的是媒人，当时同姓不婚，无媒不娶，禁止男女自由恋爱。

笄礼

贵族女子年满 15 岁需要举行笄礼，即开始在头发上使用发簪，因此也被称为"上头礼"，以示女子可以婚配。

服丧礼

人刚去世时一定会先对死者进行招魂仪式，避免死者假死而葬，死者亲人持死者的衣物爬到屋顶上喊三声死者的名字，如果没有应答才能举行丧事。

在西周的疆域内
只要见到一座城市
就一定居住着一位封君

阅读周朝
——大克鼎

"大克鼎铸成后不久周朝开始衰落，克的子孙何去何从呢？"

西周大克鼎，又称膳夫克鼎。"克"是这位膳夫的名字，"膳夫"是古官名，掌管王的饮食，类似于后世的御用厨师。西周大克鼎于清朝出土于陕西扶风县法门镇任村的一处窖藏。出土后，首先被山东人柯劭忞买下，潘祖荫又用重金从柯氏手里购得，成为大克鼎的主人。潘祖荫死后，其弟将此鼎运回苏州老家供放。新中国成立后，潘氏后人将此鼎捐献给国家。

鼎高93.1厘米，腹深43厘米，重201.5千克。鼎颈部饰有三组对称的变形兽面纹，间以六道短棱脊；腹部饰有一条两方连续的大窃曲纹（即波曲纹），环绕全器一周。波曲纹的出现打破了兽面纹的对称规律，摆脱了长期以来青铜器纹饰的静态装饰。

鼎腹内壁铸有铭文290字，铭文行间皆有线相隔，笔势圆润。铭文前半部分是

克用华美的词语颂扬其祖父师毕父的功绩，后半部分则是周天子重申对克职务的任命，并赏赐礼服、土地和奴隶。克对周天子的任命和赏赐感恩戴德，故而铸造此鼎以表示敬意。这一铭文是研究西周土地制度和官制的重要资料。

大克鼎是西周时期极为重要的青铜器，也是历见著录，众所周知的重器，2002年1月18日被列入《首批禁止出国（境）展览文物目录》。

文物档案

名称： 大克鼎
年代： 西周
材质： 青铜
规格： 高 93.1 厘米
口径 75.6 厘米
重 201.5 千克
出土地： 陕西扶风
收藏地： 上海博物馆

征讨天下

周代的历史也是一部战争史。

青铜战争

周昭王对东夷各国采取军事行动，征服了 26 个东夷邦国。为了获得好的名声和铜矿，昭王三次南征铜产地楚蛮，在第三次南征途中王室军队全军覆没。

穆王西征

周穆王十二年（公元前 964 年），穆王以犬戎部族不守宾服之礼为由发动西征。虽然穆王得胜，可是战利品只有"四白狼、四白鹿"。

最喜欢旅行的王

周穆王是西周在位时间最长的王，他最大的爱好就是借着征讨、平叛等各种理由离开国都去旅行。

家家有本难念的经

周穆王在位时战争频繁，又好巡游，还喜欢封赏臣下，致使财政空虚。共王继位后，打破分封制，允许私田买卖，要求贵族将新开垦的私田上报缴税。

连年的战争和不断的封赏
让王朝开始疲惫
当征服的收益无法弥补消耗的时候
衰败的迹象就开始萌生

东迁犬丘

周穆王多次攻打西戎，致使戎族怀恨在心。周懿王在位时国势衰落，戎族部落就开始向王朝报复，懦弱的懿王只好迁都犬丘，以避战乱。

养马受封

非子因养马有功得到了周孝王的赏识，获封秦地，成为秦国始封君。

篡位的王

西周时期，不管是王室还是诸侯，大家都严格遵守嫡长子继承制。而周孝王是周成王之后唯一一位不是嫡长子的王，他夺取了自己侄子的王位。

僭越称王

周夷王时期王室衰微，楚国君熊渠趁机开疆拓土，将势力范围推进至江汉平原，并相继越礼册封自己的三个儿子为王，镇守国境。

当穆王师出无名征讨犬戎时
就破坏了西周的礼制
王朝的衰败就此开始

神秘的马槽
——"虢季子白"青铜盘

"看来以后还是要多读书。"

　　"虢季子白"青铜盘是西周时期的盛水器，晚清时期出土于宝鸡。盘形制奇特，像浴缸，为圆角长方形，四曲尺形足，口大底小，略呈放射形，使器物避免了粗笨感。四壁各有两只衔环兽首耳，口沿饰一圈窃曲纹，下为波带纹。

　　盘内底部有铭文111字，讲述虢国的子白奉命出战，荣立战功，周王为其设宴庆功，并赐弓马之物，虢季子白因而作盘以示纪念。铭文语言洗练，字体端庄，是金文中的书家法本。

　　清同治三年（1864年）的初夏，时任直隶提督的淮军将领刘铭传，随李鸿章镇压太平军。这日，官军拿下了常州城，刘铭传就住进了护王府内。时至午夜，刘铭传正在灯下读书，万籁俱寂当中传来悦耳的金属叩击之

声,声音不大但极有穿透力。刘铭传顿生好奇之心,立即秉烛往寻,来到屋后见有马厩,声音就是从那里传出来的。他蹲下细看,见此马槽硕大,槽壁在烛光中发着深沉的幽光;伸手一试,重不可举;轻叩之,发声清远玄

妙。刘铭传因此得到"虢季子白"青铜盘。

后来,军阀、日寇、国民党官吏纷纷索取,刘家人不得不把盘埋于深土。直至1949年新中国成立,刘氏子孙才将盘献给国家。

文物档案

名称:"虢季子白"青铜盘

年代:西周

材质:青铜

规格:长 137.2 厘米
　　　　宽 86.5 厘米
　　　　高 39.5 厘米
　　　　重 215.3 千克

出土地:陕西宝鸡

收藏地:中国国家博物馆

西周食苑图

周人用青铜制作了大量食器，形成了独特的饮食文化。

西周还未普及大米饭和面食，主要吃肉、菜粥、干果等。

西周时期的食物分为主食和副食，包括肉类、谷物、水果、蔬菜等多种类别。

爵（jué）：古代饮酒的器皿，三足，以不同的样式显示使用者的身份。

西周建筑呈院落式封闭结构，有中轴线，建筑材料多用木材和瓦。

西周的饮料主要有醴（浊酒）、清酒、浆等酒精类饮料。

西周的主要烹饪方式有烹、炙、蒸、鱼、捣、脍、脯、腊等。

德行是最好的传家宝
——毛公鼎

"比国宝更珍贵的，是国宝所传承的精神。"

在旧社会，平民百姓生活无着，有些人偶得珍贵文物，不但没有因此脱贫解困，反而惨遭迫害，出土的文物也遭到官僚、豪绅、军阀和帝国主义势力的争夺，屡经劫难。也有不惜以身家性命保护文物，免遭日本侵略者抢掠的惊险传奇。稀世瑰宝毛公鼎问世后的坎坷命运，便是其中的一个典型事例。

毛公鼎，因作器者毛公而得名。鼎高53.8厘米，腹深27.2厘米，口径47厘米，重34.7千克。鼎耳为直耳，腹部呈半球状，鼎足为兽蹄形，矮短而庄重有力。鼎的口沿还装饰有环带状的重环纹。整个造型浑厚凝重，饰纹简洁、古雅、朴素，具有浓厚的生活气息，是西周晚期的鼎由宗教转向世俗生活的代表作。

鼎内壁铭文是现存青铜

器铭文中最长的一篇，堪称西周青铜器中铭文之最。其内容叙事完整，记载详实，是研究西周晚期政治史的重要史料。铭文的内容可分成七段，大致是说：周宣王即位之初，亟思振兴朝政，乃请叔父毛公为其治理国家内外的大小政务，并饬勤公无私，最后颁赠命服厚赐，毛公因而铸鼎传示子孙永宝。

德不配位

君主的任性让国家失去威望。

防民之口

周厉王横征暴敛，他规定百姓必须向朝廷交税才能进行渔猎。这违背了民生和祖制，遭到百姓反对，于是厉王下令将反对和议论的人处死。

国人暴动

周人不满厉王的暴政，大家联合起来暴动，将厉王赶下了台。厉王匆忙逃到山西彘地（今山西霍州），后病死在异乡。

换子顶罪

在国人暴动中，厉王出逃，愤怒的国人要将藏在大臣召虎家的太子杀死泄愤。召虎为了保住王室血脉，用自己的儿子顶包，交给愤怒的国人。

共和行政

国人暴动结束后，太子年幼，王室无主。为了稳定朝局，大臣们推举召公、周公为辅相，代替天子处理国政。

宣王中兴

共和十四年（公元前 828 年），召公、周公拥立太子静为宣王。宣王励精图治，任用贤能，使王室的实力和威望得以恢复。他晚年的军事失利让王室再次陷入衰微局面。

亡国之兆

周幽王二年（公元前 782 年），镐京附近的渭水、泾水、洛水地区都发生了地震。这一年，渭水、泾水、洛水枯竭，岐山崩塌。

不断向东的戎族
带来了劫掠和灾祸
而真正让王朝濒于灭亡的
是逐渐失去的人心

分封诸侯

由于常年征战、王室失德，各方诸侯各自为政。为了培植自己的势力，周宣王时期又一次大规模分封诸侯。

废长立幼

周幽王为了使褒姒开心，废黜并试图杀害太子和王后。太子的外公申侯联合缯国和犬戎起兵，最终杀幽王于骊山下。至此西周王朝结束。

西周历史大事记

公元前 1046—前 771 年

约公元前 11 世纪

约公元前 11 世纪

约公元前 11 世纪

约公元前 10 世纪

称霸西境

商中后期，周人协助王室征战，先后征服了鬼方、戎狄、燕京戎、余无戎等方国和部落。商王封周主季历为西伯，并任命其为"牧师"统率西境。

武王伐纣

公元前 1046 年，周武王率领诸侯联军起兵伐商，建立周朝，都城在镐京，史称西周。

分封天下

周朝建立后，周武王将兄弟、儿子、功臣分封为世袭诸侯，管理封地并负责定期朝贡，保卫王室安全。

成康之治

据史书记载，成王到康王这 40 多年间，周朝没有使用过一次刑罚，国力强盛、四方太平。史书上称之为中国历史上记载的最早的太平盛世。

公元前 891 年

公元前 841 年

公元前 828 年

公元前 771 年

篡位的王

西周时期，王室和诸侯需严格遵守嫡长子继承制。而周孝王是周朝历史上唯一一位非嫡长子的王，他夺取了侄子的王位。

共和行政

国人暴动结束后，王室无主，大臣们推举召公、周公为辅相，代替天子处理国政。

宣王中兴

共和十四年（公元前 828 年），召公、周公拥立太子静为宣王。宣王励精图治，任用贤能，使王室的实力和威望得以恢复。

废长立幼

周幽王为讨好宠妃褒姒，废黜并试图杀害王后和太子。太子的外公申侯联合缯国和犬戎起兵，杀幽王于骊山下，西周王朝宣告结束。

图书在版编目（CIP）数据

藏在博物馆里的中国历史·夏商周那些事儿 / 有识
文化，成都地图出版社编著；李红萍绘 . -- 成都：成都
地图出版社有限公司 , 2022.3
ISBN 978-7-5557-1856-7

Ⅰ.①藏… Ⅱ.①有… ②成… ③李… Ⅲ.①中国历史—
三代时期—通俗读物 Ⅳ . ① K209

中国版本图书馆 CIP 数据核字（2021）第 263600 号

藏在博物馆里的中国历史·夏商周那些事儿

CANG ZAI BOWUGUAN LI DE ZHONGGUO LISHI · XIA-SHANG-ZHOU NAXIE SHIR

策　　划	唐艳
主　　编	鄢来勇　刘国强　黄博文
副 主 编	姚　虹　范玲娜　唐　艳
责任编辑	陈　红　魏玲玲
审　　校	魏小奎　吴朝香　王　颖　赖红英　田　帅
责任校对	向贵香
审　　订	肖圣中　邹水杰　毋有江　李春燕　李青青
	聂永芳　刘国强　姚　虹　张　忠　程海港
出版发行	成都地图出版社有限公司
印　　刷	运河（唐山）印务有限公司
经　　销	全国各地新华书店
开　　本	880 毫米 ×1230 毫米　1/16
印　　张	6
字　　数	80 千字
版　　次	2022 年 3 月第 1 版
印　　次	2022 年 3 月第 1 次印刷
书　　号	ISBN 978-7-5557-1856-7
审 图 号	GS（2022）19 号
定　　价	36.00 元